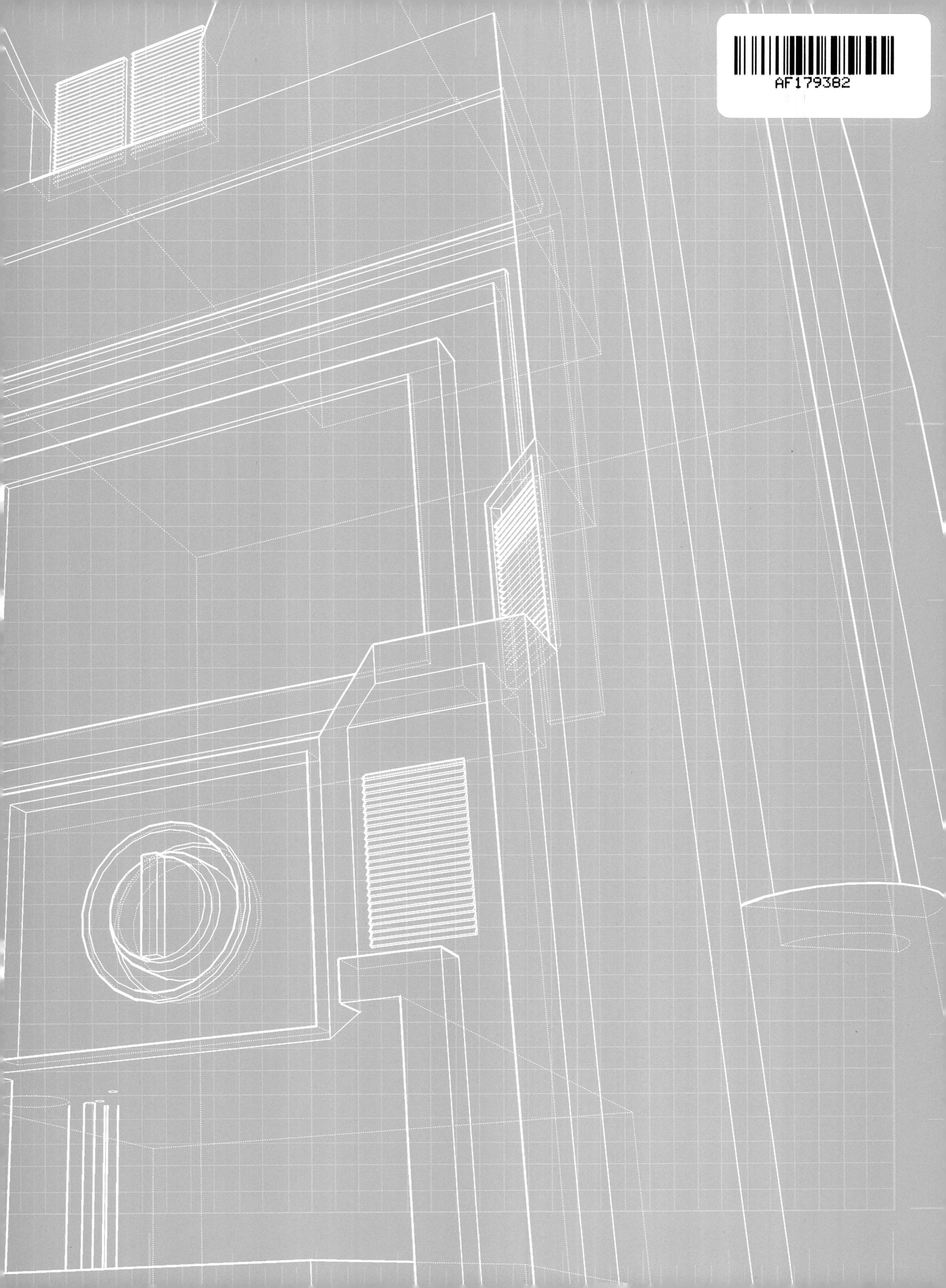

AF179382

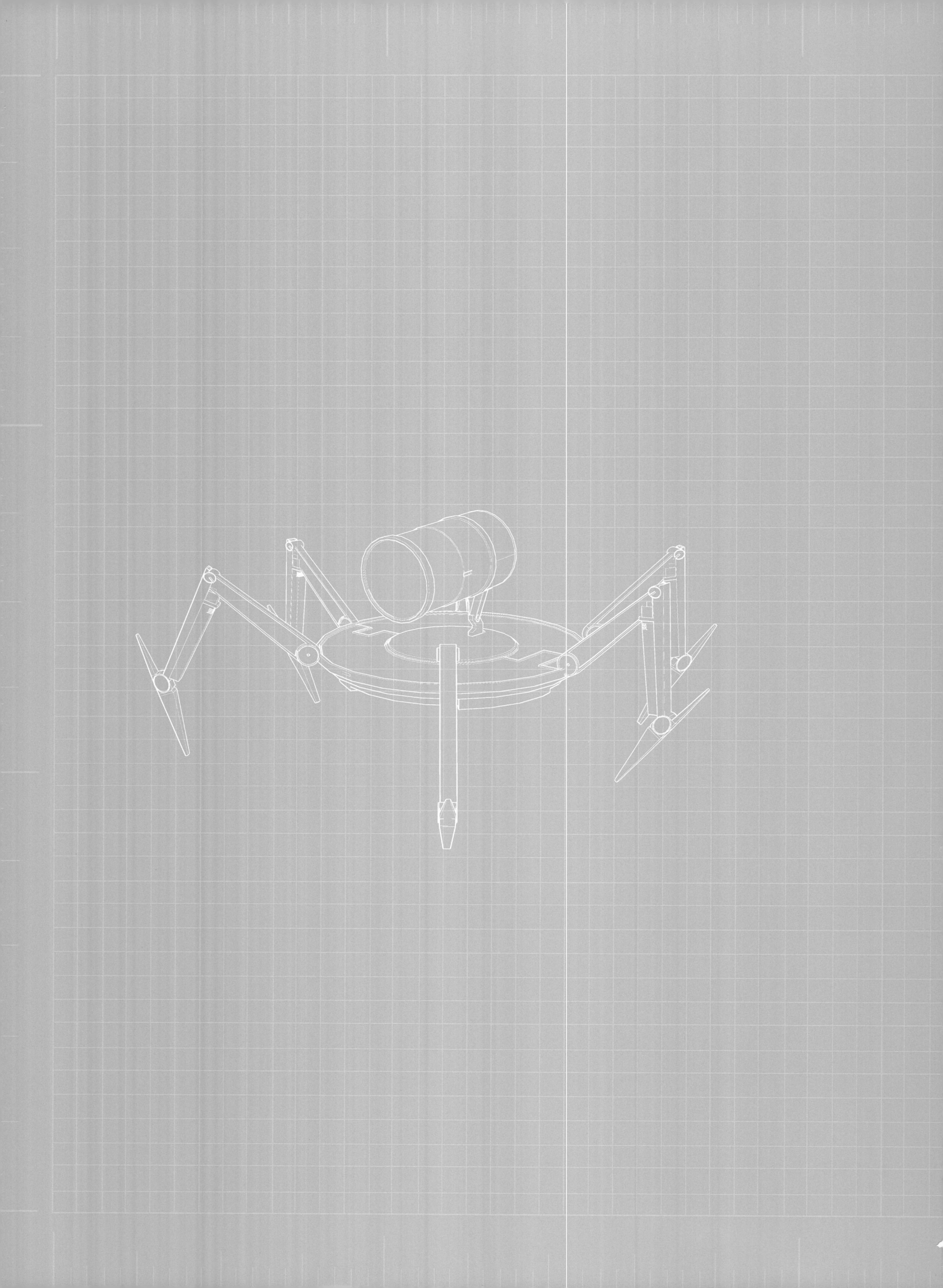

Story und Artwork:
CRISTIN WENDT

Text:
RONJA BÜSCHER

BUCH 1
LOADING

Cristin Wendt, geboren 1985 in Wildeshausen, liebt schon seit Kinderzeiten das Zeichnen und Erfinden von eigenen Figuren und Geschichten. Anfangs bewegte sie sich im Bereich der Fantasy, später kam mit diversen Science-Fiction-Serien die Leidenschaft für Technologie hinzu. In der Comicszene besser bekannt als „Art Smoker Toy", feierte sie Anfang 2018 ihr Selfpublishing-Debüt mit dem Comic MESSAGE, dem ersten Band des fünfbändigen Sci-Fi-Action-Horror-Epos, das hiermit als überarbeitete Hardcover-Albenausgabe vorliegt.

Ronja Büscher, 1993 in Hamm geboren, entdeckte schon in der Grundschule ihre Liebe für das Schreiben und Erfinden von Geschichten – und für Sailor Moon. Der Schritt in die Welt der Popkultur war daher nicht weit. 2015 lernte sie Cristin kennen und begann, sie bei ihrem Comic MESSAGE zu unterstützen. Was als private Leidenschaft begann, wurde schnell zum Berufswunsch. 2018 absolvierte Ronja ihre Ausbildung zur Medienkauffrau mit dem Ziel, deutsche Künstler weiterhin auf ihrem Weg zum gedruckten Werk zu begleiten.

Impressum: MESSAGE 1:: LOADING wird herausgegeben von Amigo Grafik Gbr, Teinacher Straße 72, 71634 Ludwigsburg, Redaktion: Lea Heidenreich, Lettering: Amigo Grafik, Herausgeber: Andreas Mergenthaler und Hardy Hellstern. Druck: Hagemayer, Wien.

© Cristin Wendt

ISBN Printausgabe: 978-3-95981-710-3 | März 2019 | www.cross-cult.de

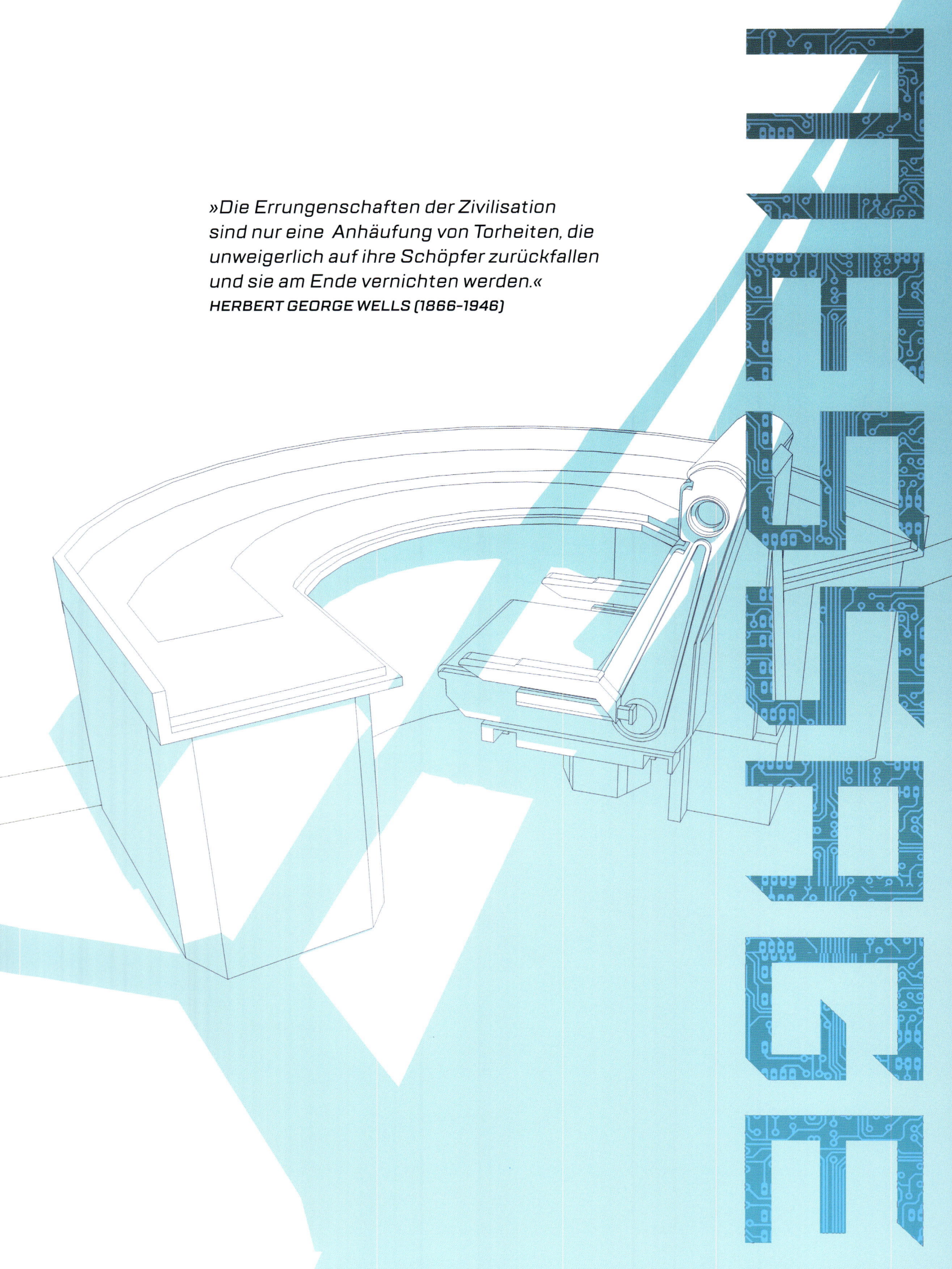

»Die Errungenschaften der Zivilisation sind nur eine Anhäufung von Torheiten, die unweigerlich auf ihre Schöpfer zurückfallen und sie am Ende vernichten werden.«
HERBERT GEORGE WELLS (1866-1946)

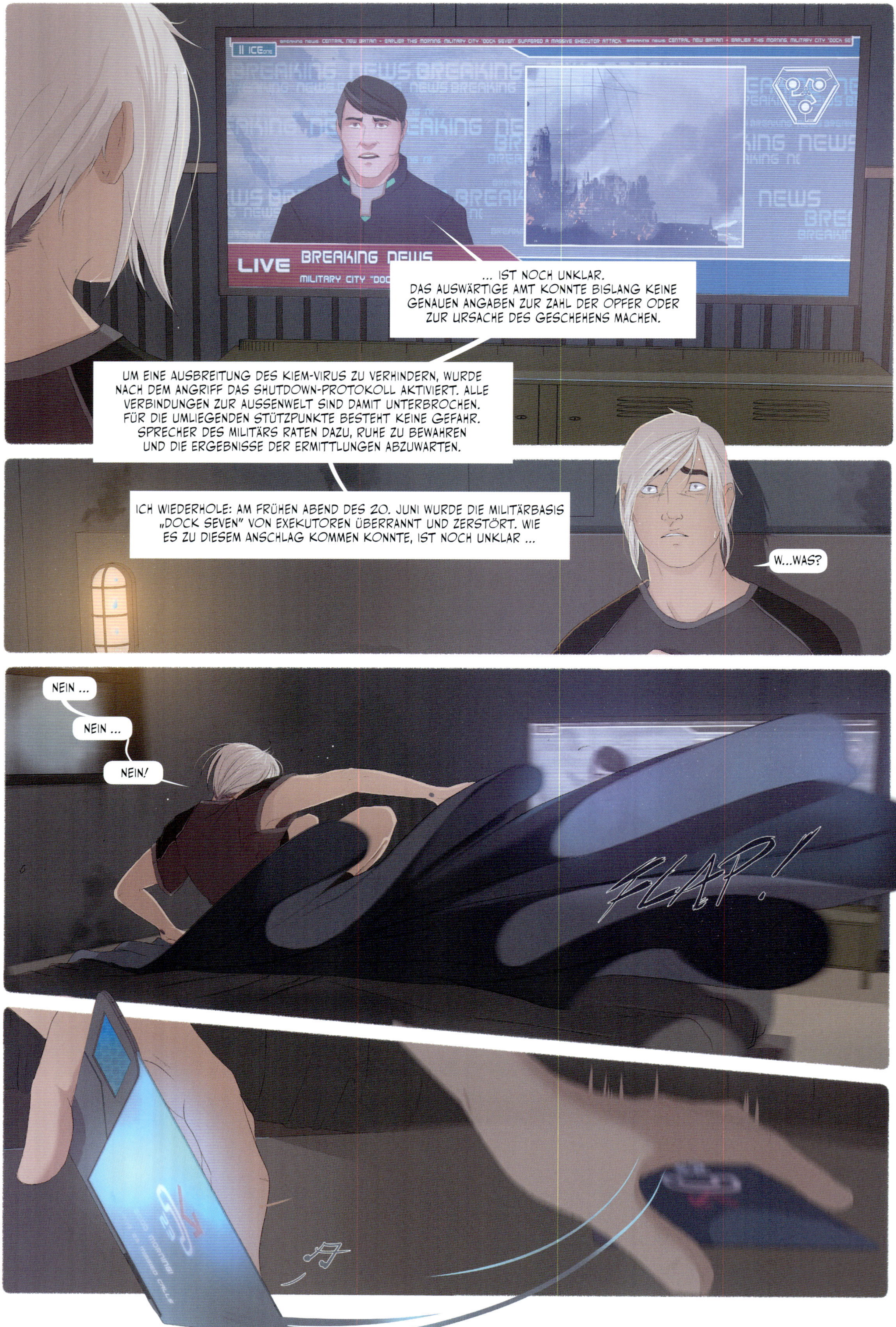

... IST NOCH UNKLAR. DAS AUSWÄRTIGE AMT KONNTE BISLANG KEINE GENAUEN ANGABEN ZUR ZAHL DER OPFER ODER ZUR URSACHE DES GESCHEHENS MACHEN.

UM EINE AUSBREITUNG DES KIEM-VIRUS ZU VERHINDERN, WURDE NACH DEM ANGRIFF DAS SHUTDOWN-PROTOKOLL AKTIVIERT. ALLE VERBINDUNGEN ZUR AUSSENWELT SIND DAMIT UNTERBROCHEN. FÜR DIE UMLIEGENDEN STÜTZPUNKTE BESTEHT KEINE GEFAHR. SPRECHER DES MILITÄRS RATEN DAZU, RUHE ZU BEWAHREN UND DIE ERGEBNISSE DER ERMITTLUNGEN ABZUWARTEN.

ICH WIEDERHOLE: AM FRÜHEN ABEND DES 20. JUNI WURDE DIE MILITÄRBASIS „DOCK SEVEN" VON EXEKUTOREN ÜBERRANNT UND ZERSTÖRT. WIE ES ZU DIESEM ANSCHLAG KOMMEN KONNTE, IST NOCH UNKLAR ...

W...WAS?

NEIN ...

NEIN ...

NEIN!

FLAP!

FÜR WEITERE INFORMATIONEN WENDEN SIE SICH AN DAS MILITÄRISCHE INFORMATIONSZENTRUM. ODER VERSUCHEN SIE ES ZU EINEM SPÄTEREN ZEITPUNKT NOCH MAL.

NEIN ...

DAS ...DAS DARF NICHT ...

WARNUNG! SICHERHEITSPROTOKOLL KSS-8-B AKTIVIERT. DER GESPRÄCHSPARTNER IST DERZEIT NICHT ERREICHBAR. FÜR WEITERE INFORMATIONEN WENDEN SIE SICH AN DAS MILITÄRISCHE INFORMATIONSZENTRUM. ODER VERSUCHEN SIE ES ZU EINEM SPÄTEREN ZEITPUNKT NOCH MAL.

DAS MUSS EIN FEHLER SEIN ...

WARNUNG! SICHERHEITSPROTOKOLL KSS-8-B AKTIVIERT. DER GESPRÄCHS... BEEB ...

TU MIR DAS NICHT AN...

TUUT!

TUUT!

※KLICK!

WARNUNG! SICHERHEITSPROTOKOLL KSS-8-B AKTIVIERT. DER GESPRÄCHS... BEEB ...

VERDAMMT!!

TUUT!

TUUT!

※KLICK!

WARNUNG! SICHERHEITSPROTO... BEEB ...

TUUT!

TUUT!

TUUT!

KLICK!

WARNUNG! SICHERHEITSPROTOKOLL KSS-9-8 AKTIVIERT. DER GESPRÄCHSPARTNER IST DERZEIT NICHT ERREICHBAR. FÜR WEITERE INFORMATIONEN WENDEN SIE SICH AN DAS MILITÄRISCHE INFORMATIONSZENTRUM, ODER VERSUCHEN SIE ES ZU EINEM SPÄTEREN ZEITPUNKT NOCH MAL.

DAS KANNST DU MIR DOCH JETZT NICHT ANTUN, VICTOR ...

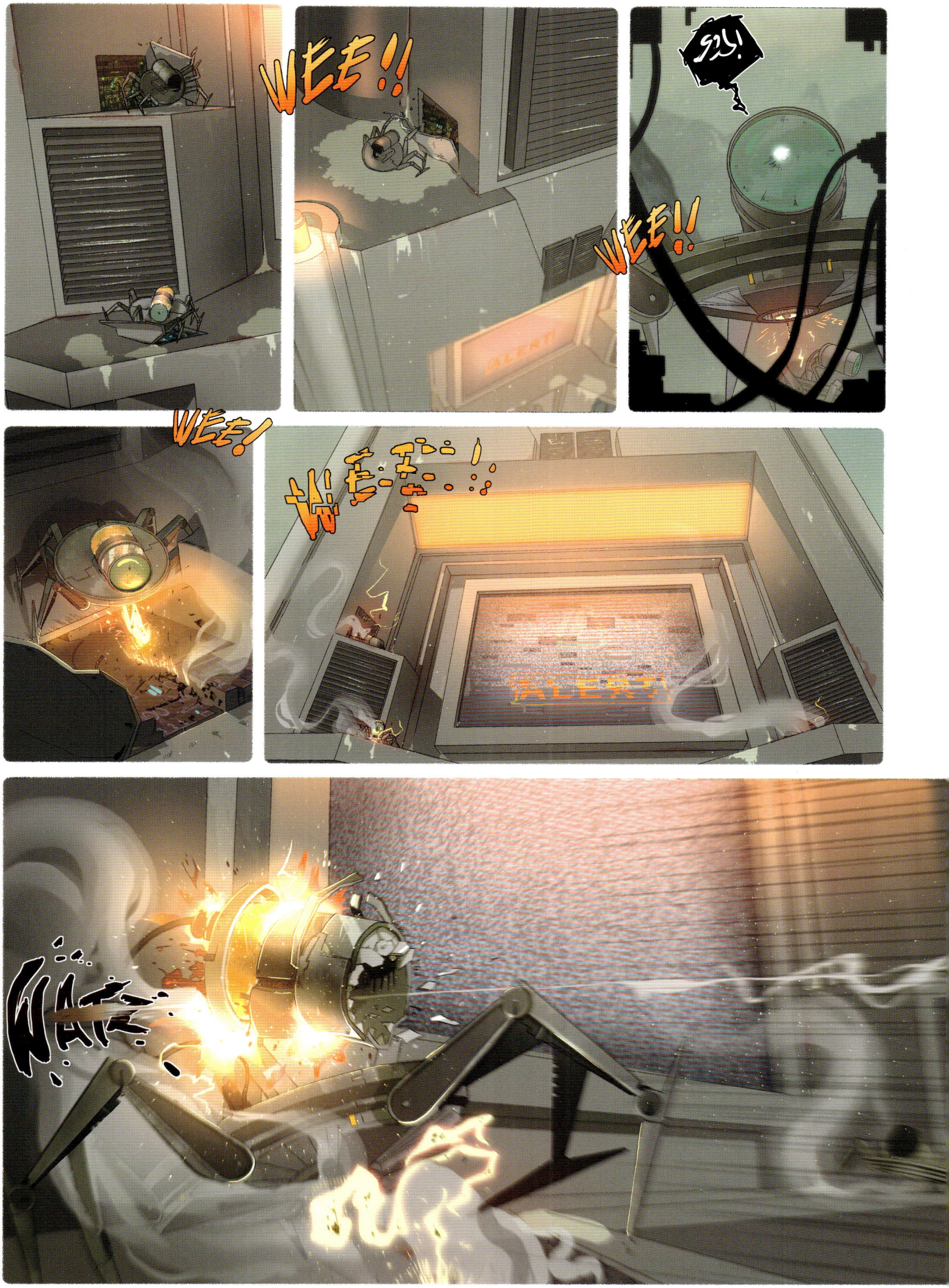

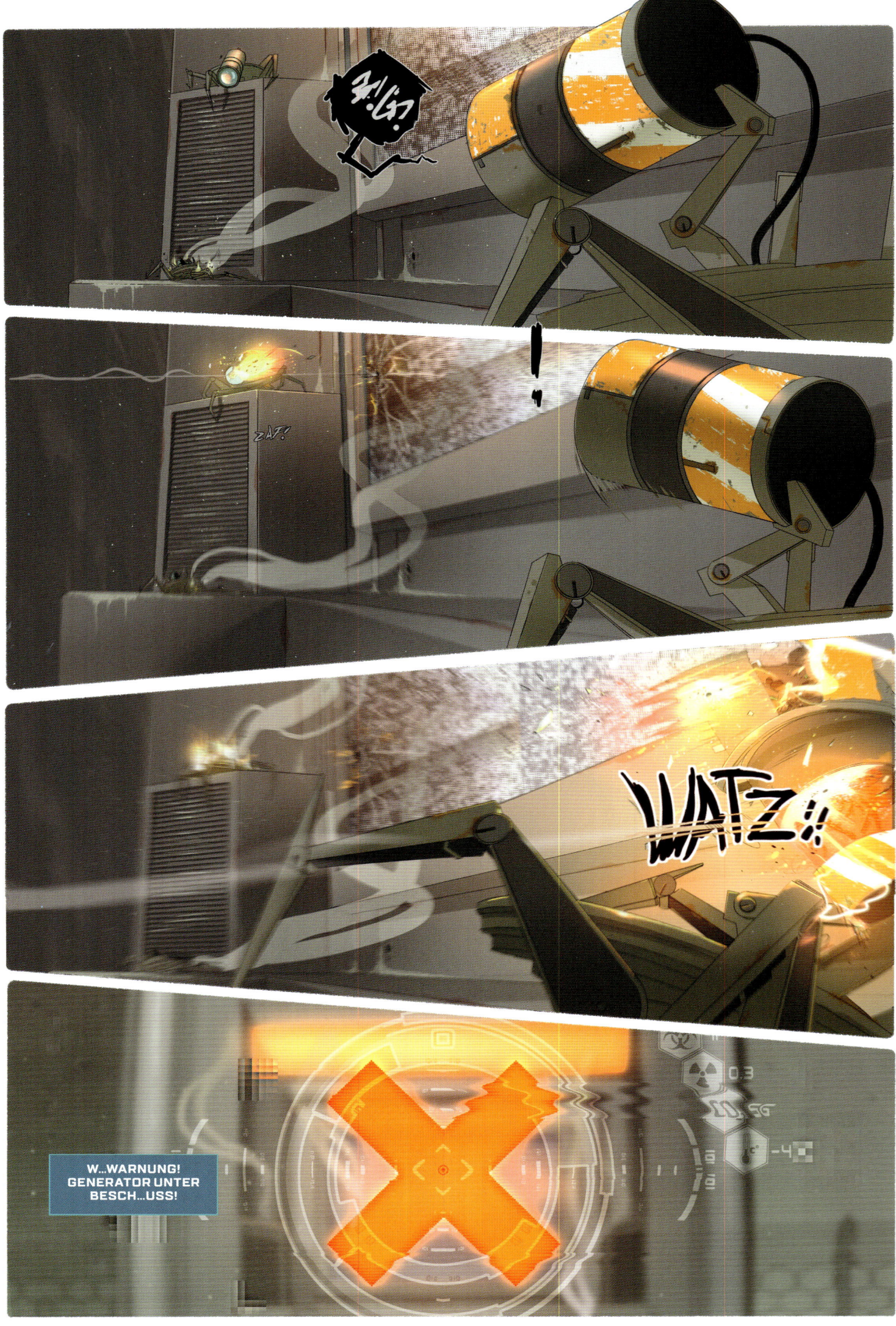

W...WARNUNG! GENERATOR UNTER BESCH...USS!

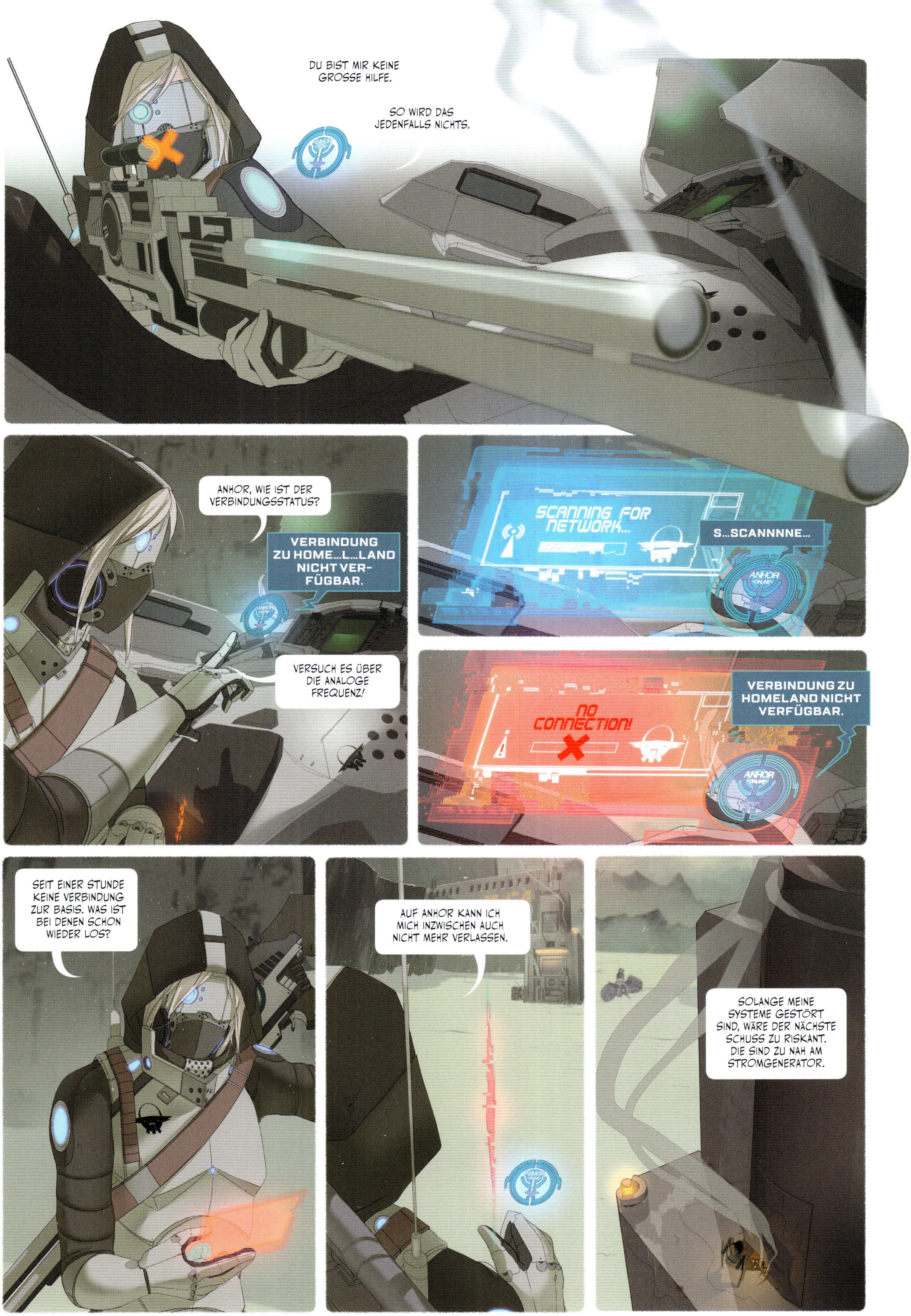

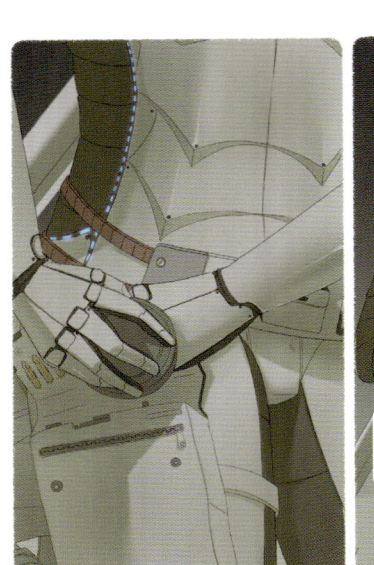

ICH HOFFE, IHR HABT NOCH NICHT GEFRÜHSTÜCKT ...

W...W...WARN...UNG EMP AKTIVIERT!

BEEP!
BEEP!
BEEP!

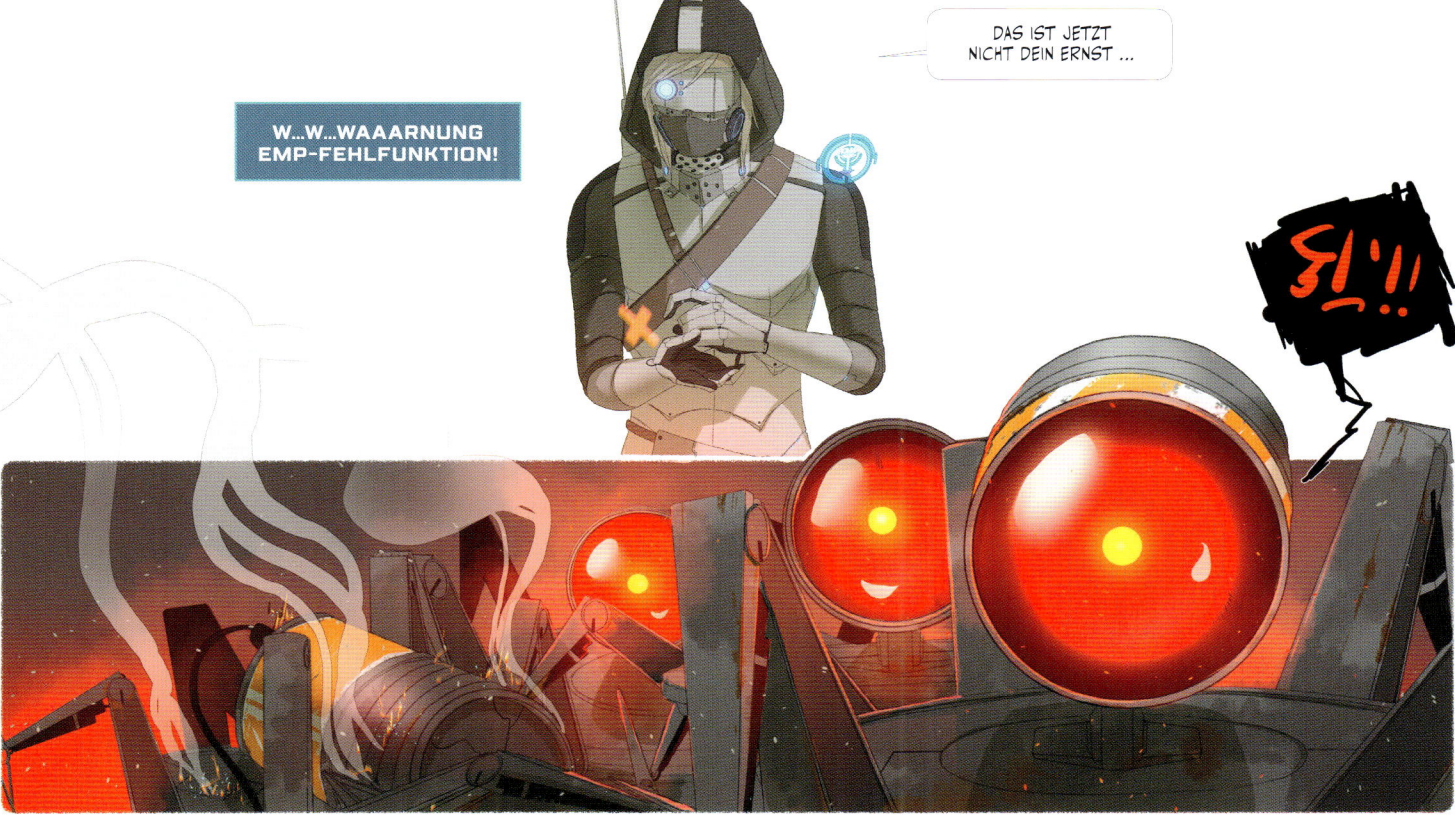

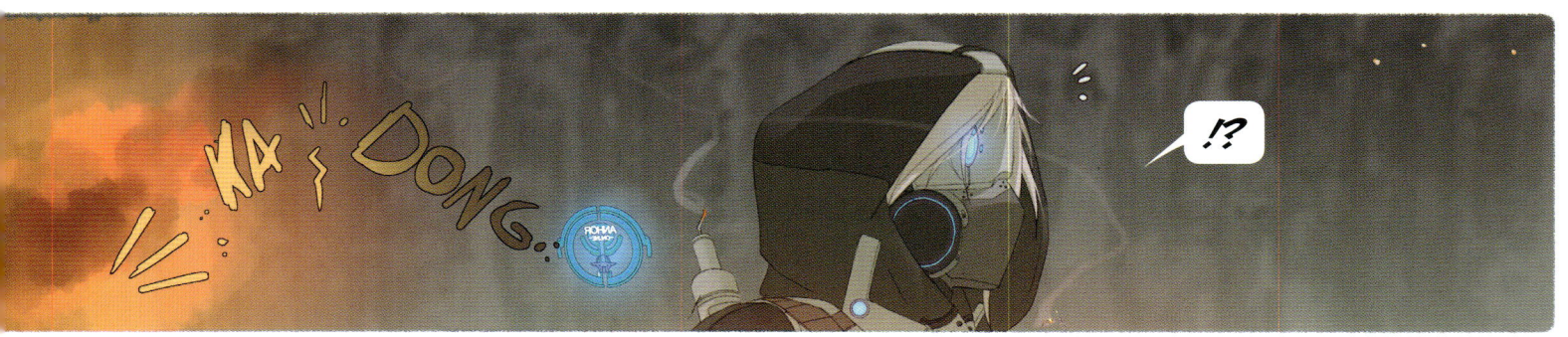

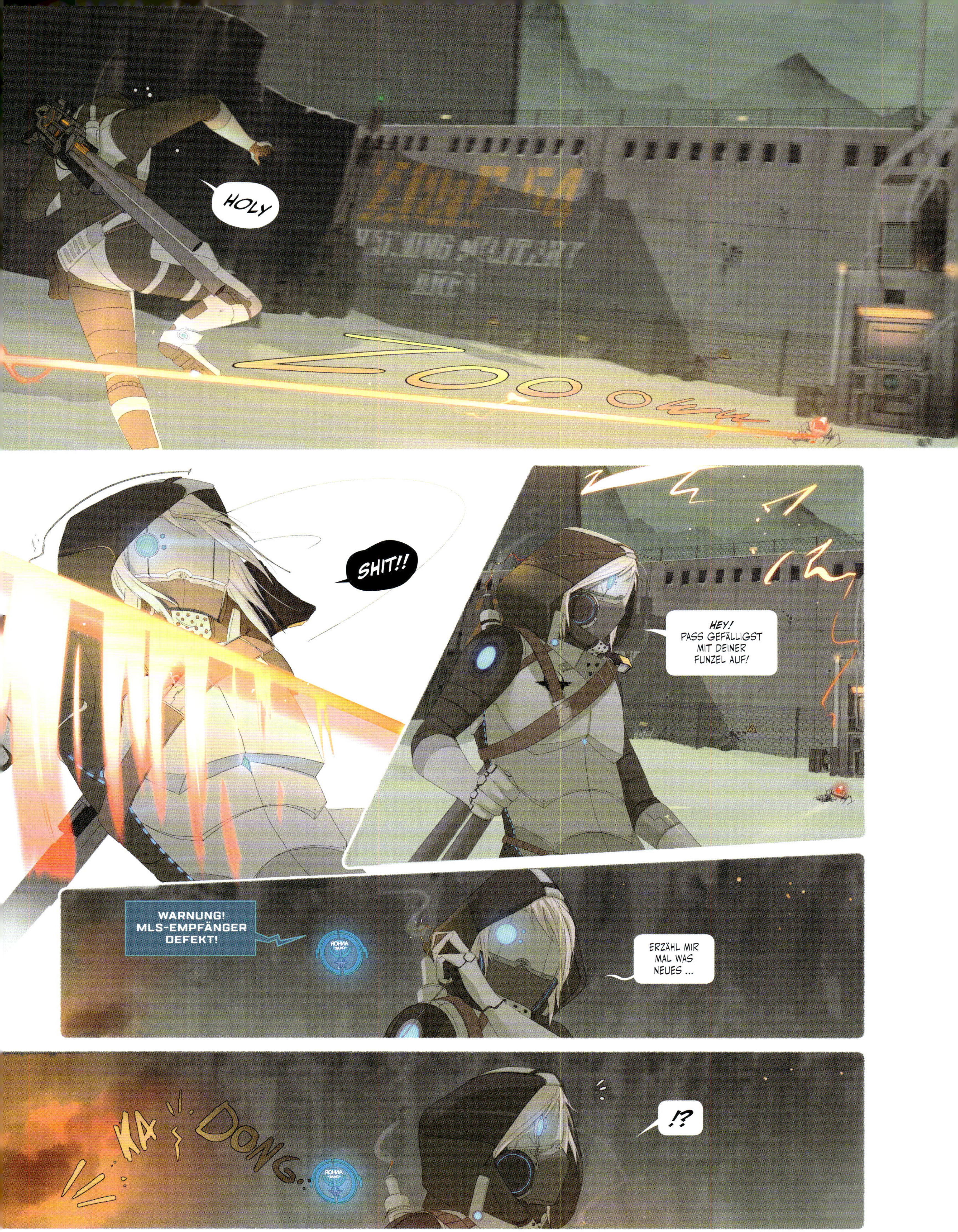

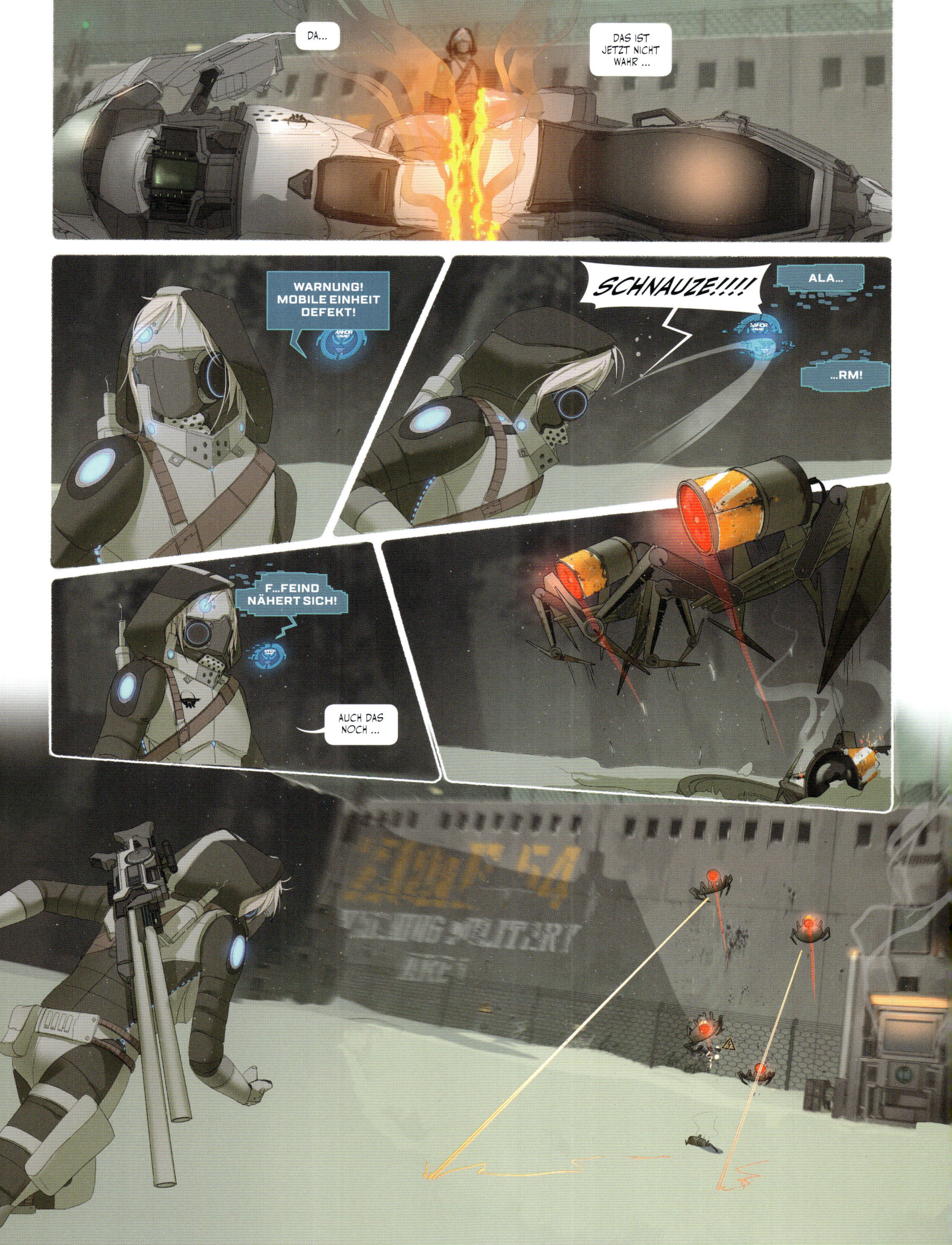

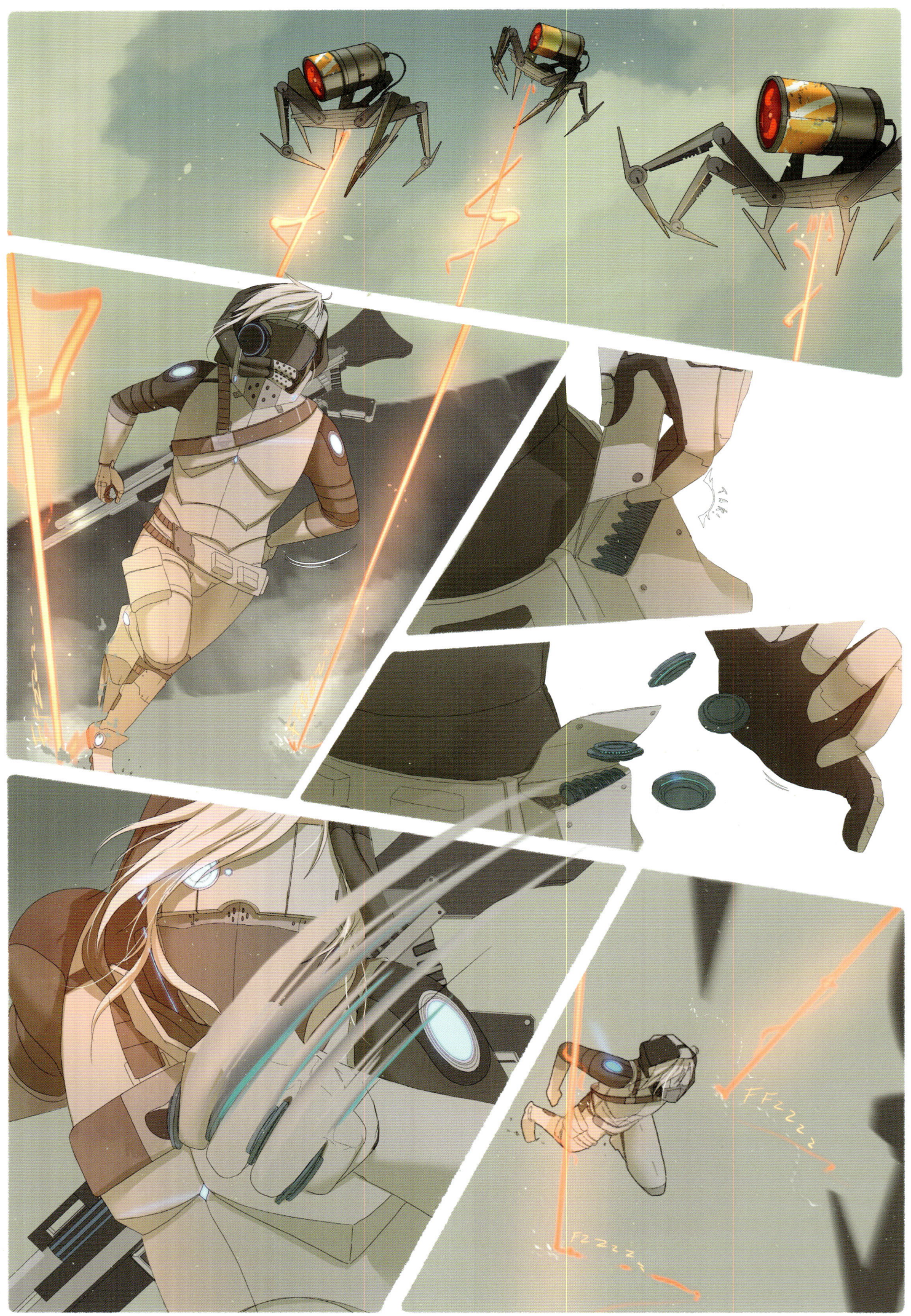

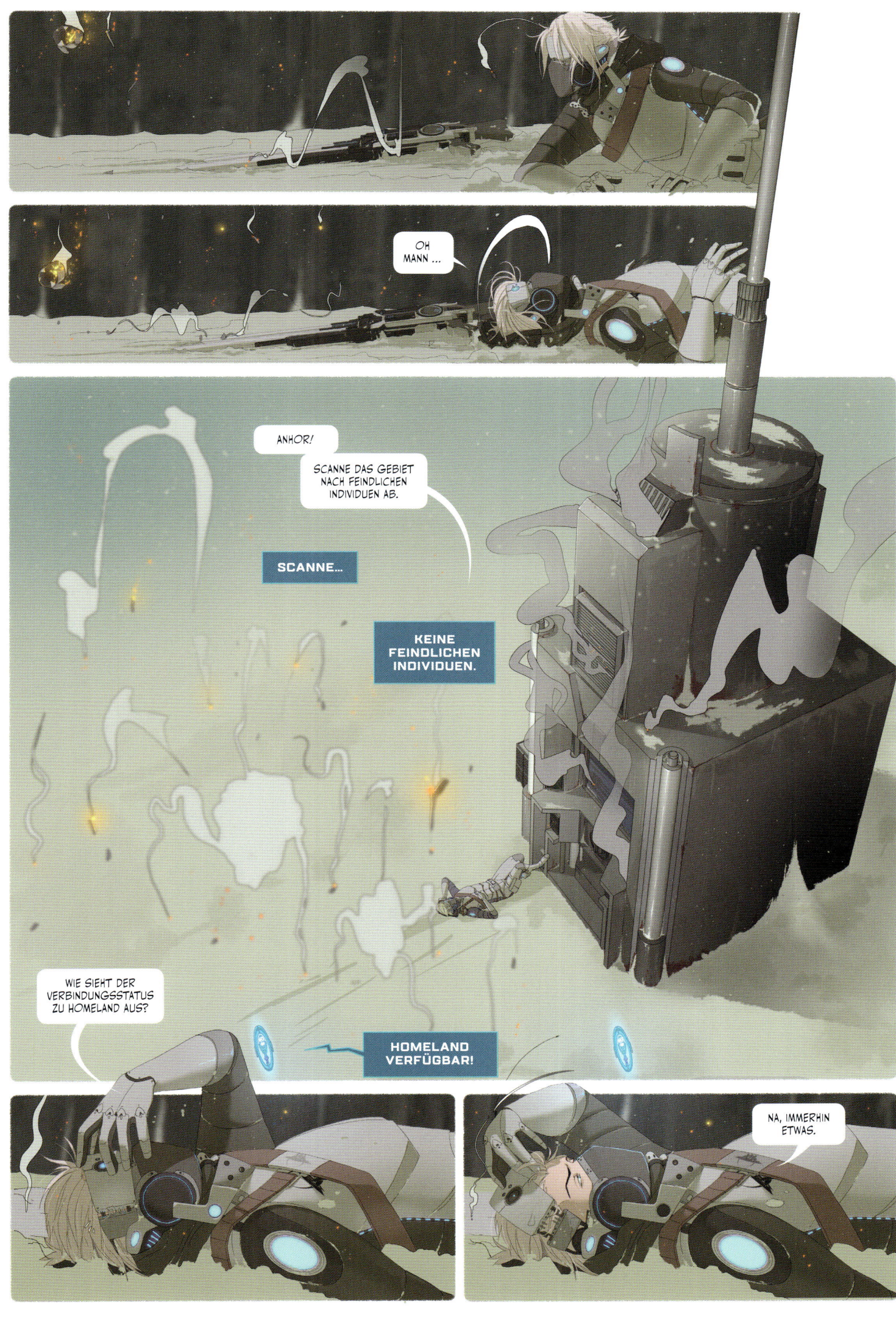

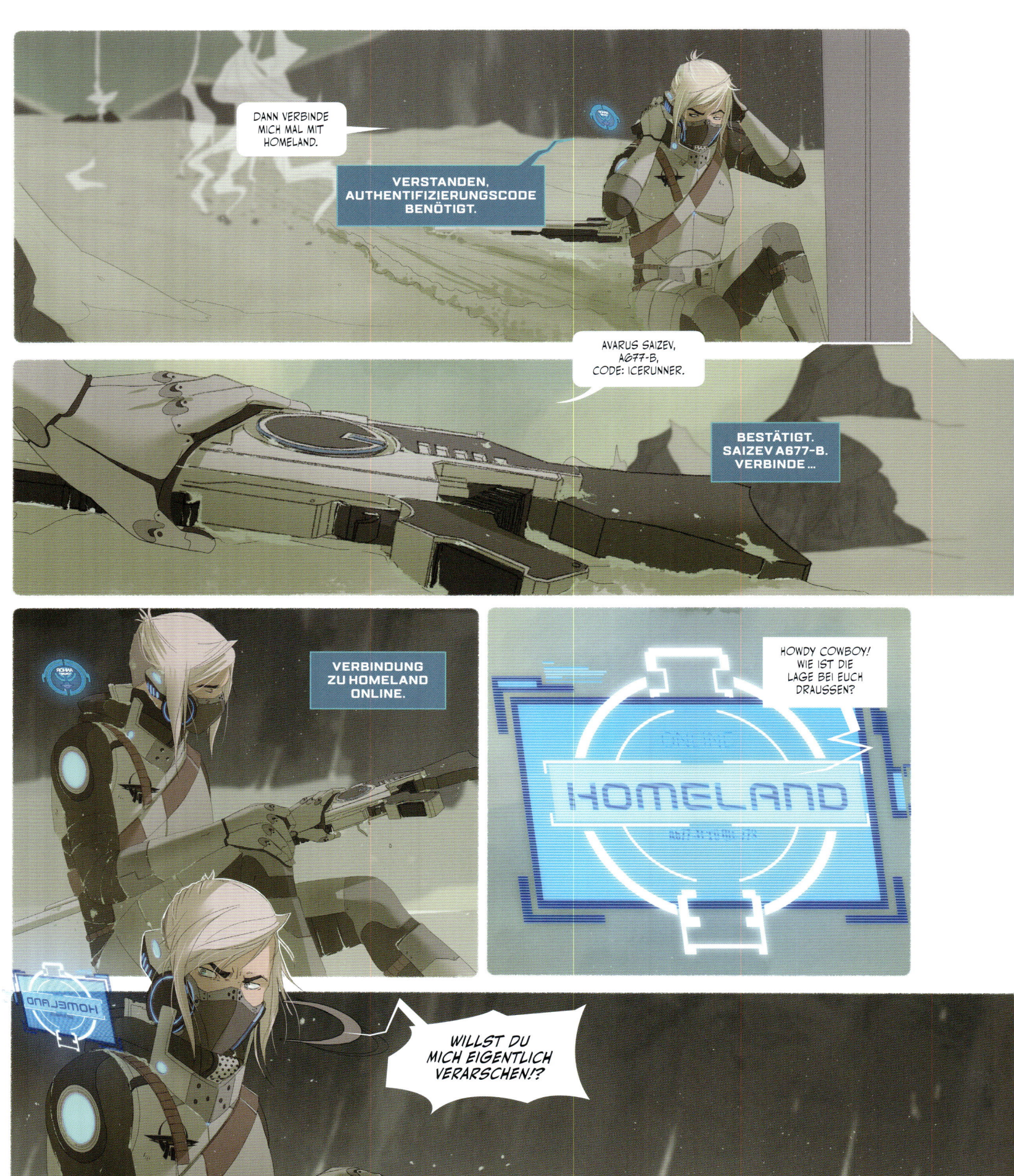

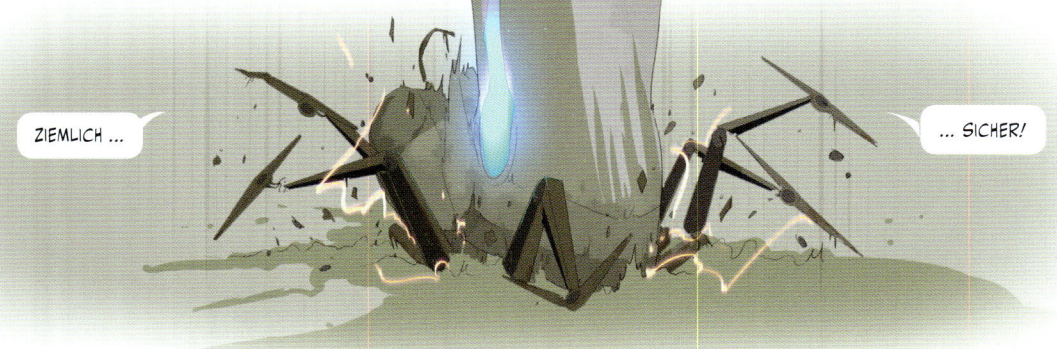

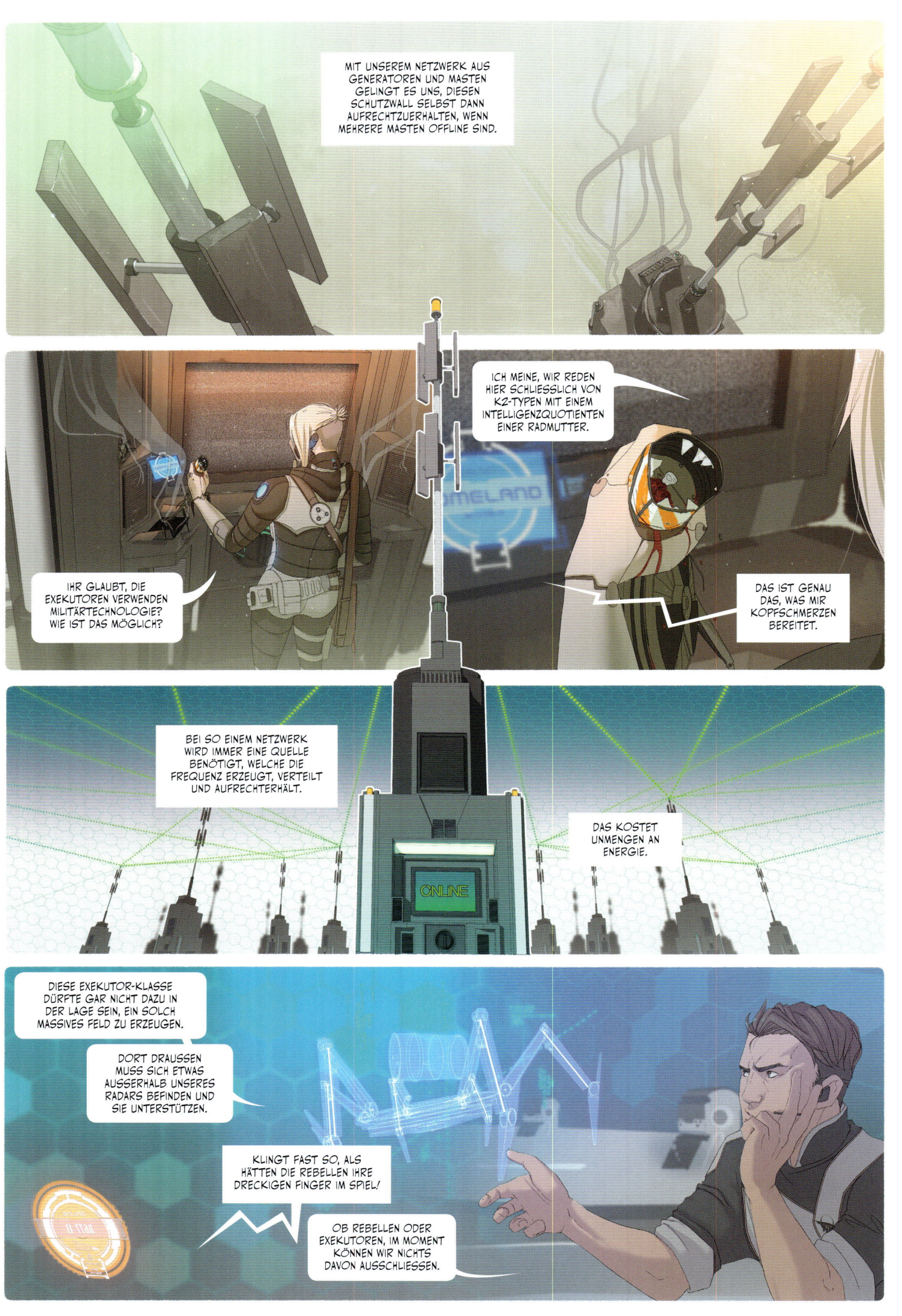

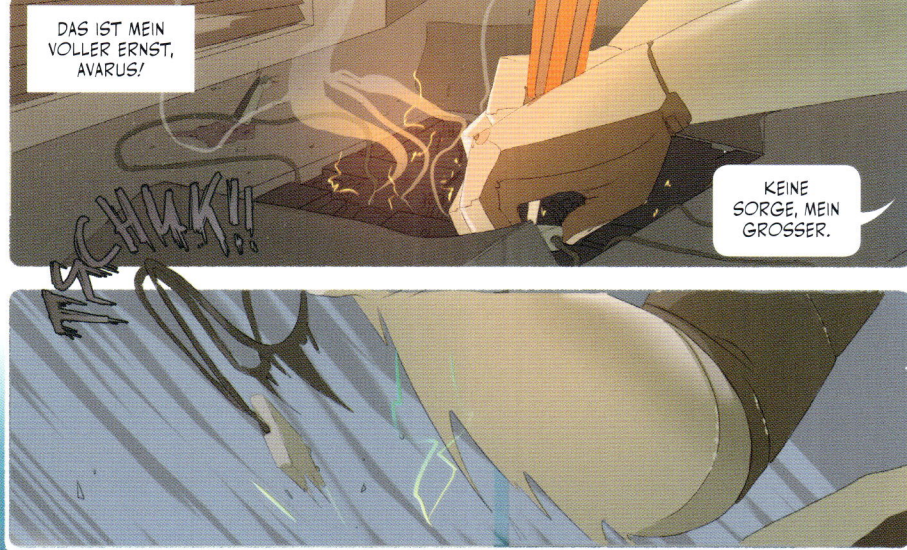

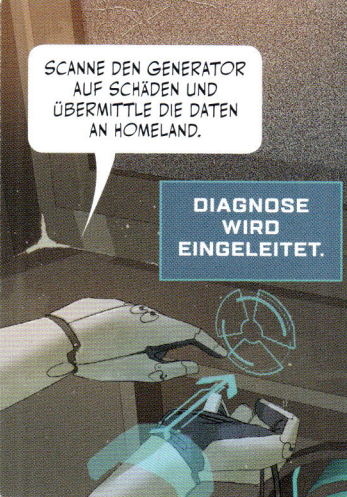

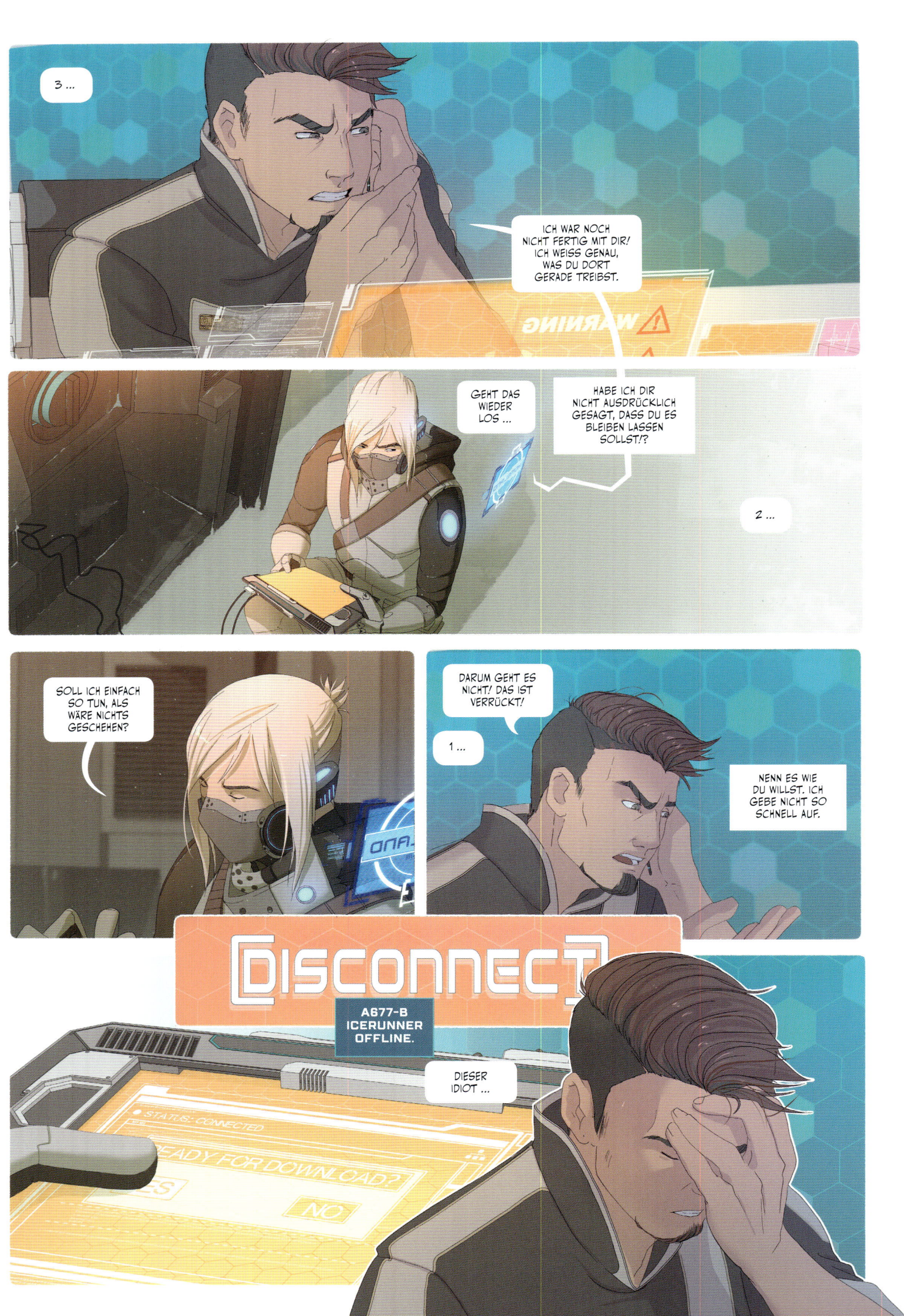

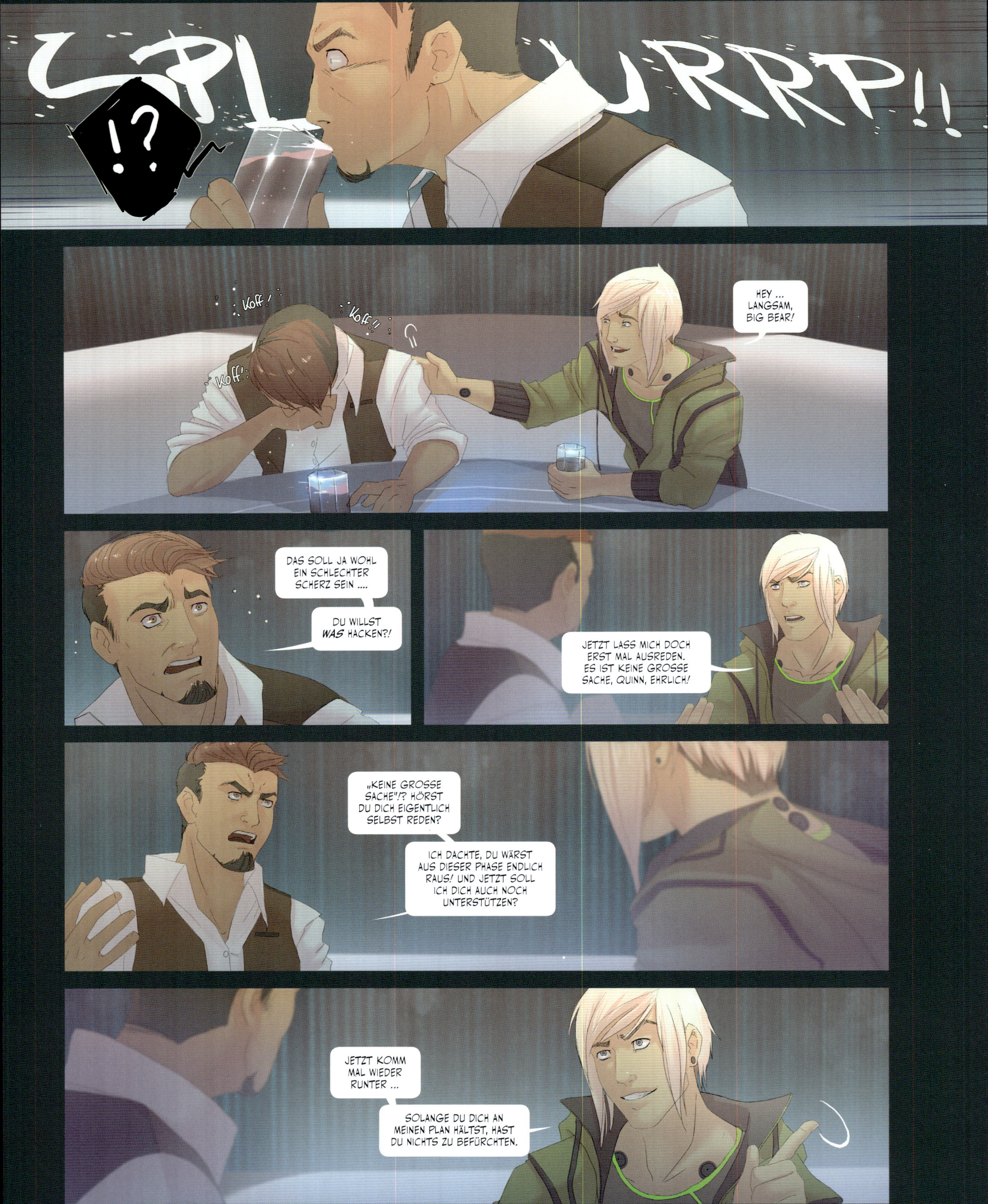

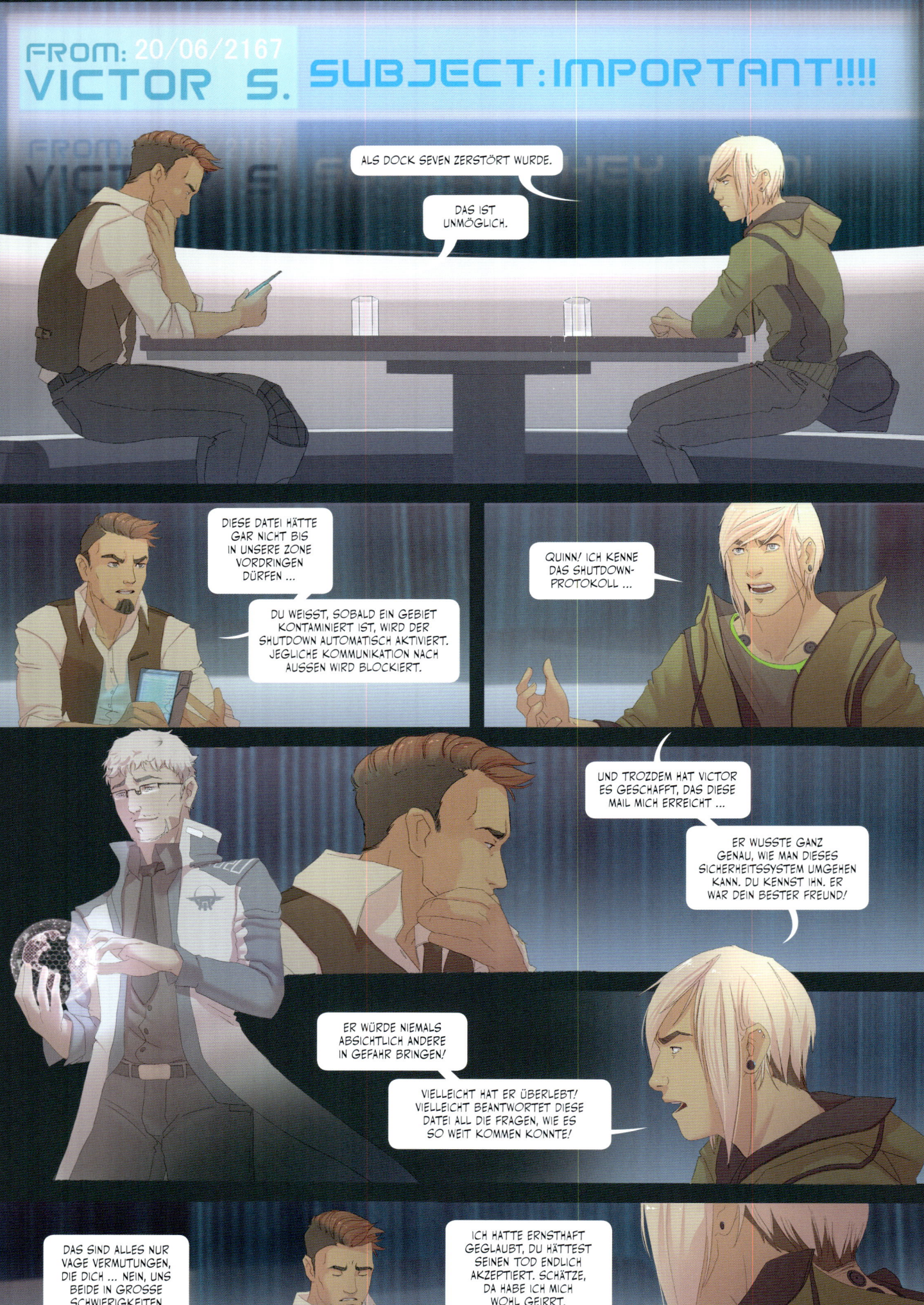

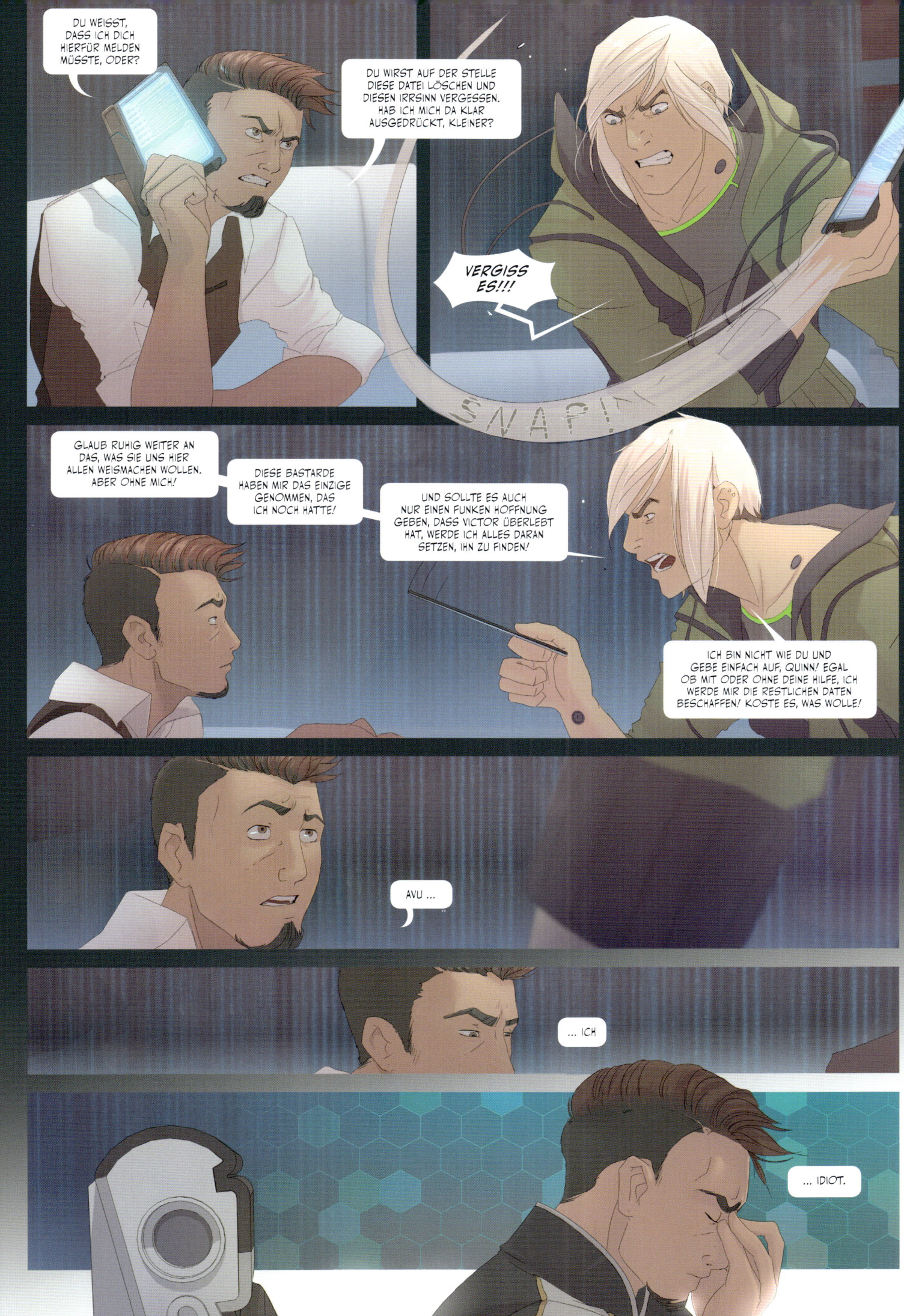

Fortsetzung folgt …

3D MODELLE

East Haven
Militär Metropole

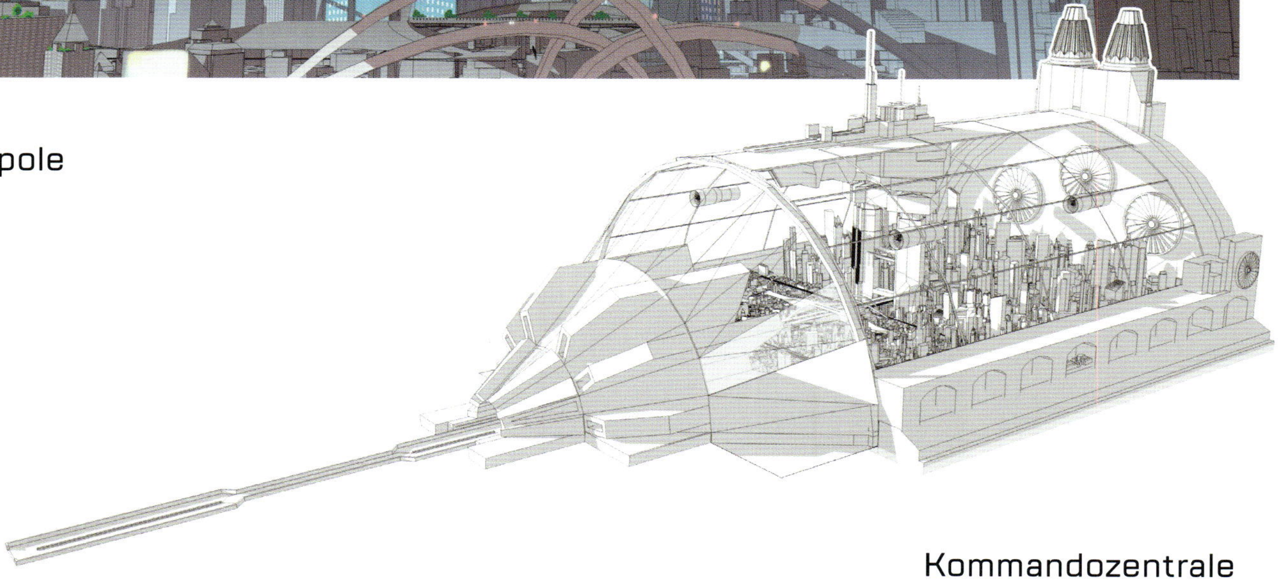

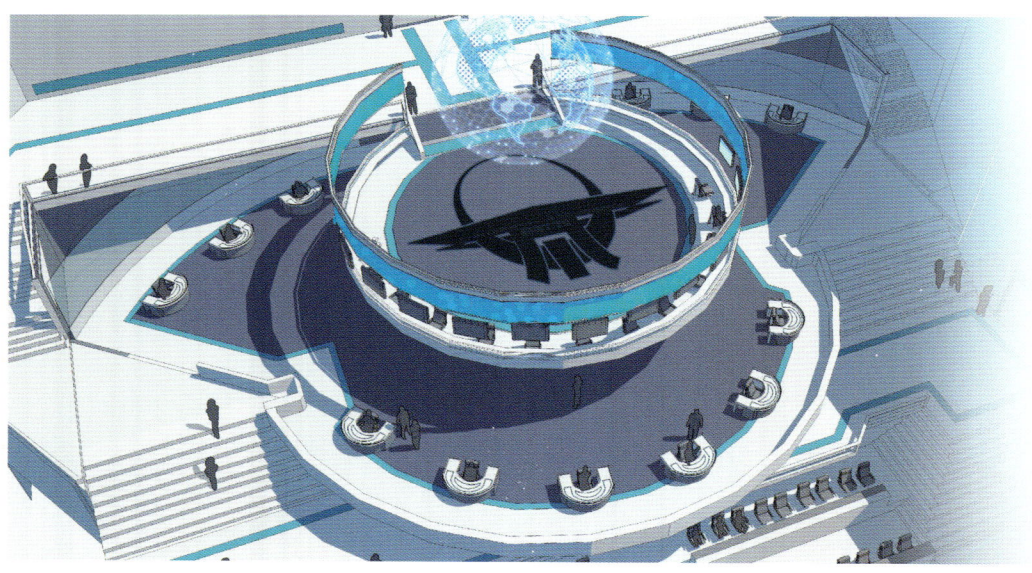

Kommandozentrale

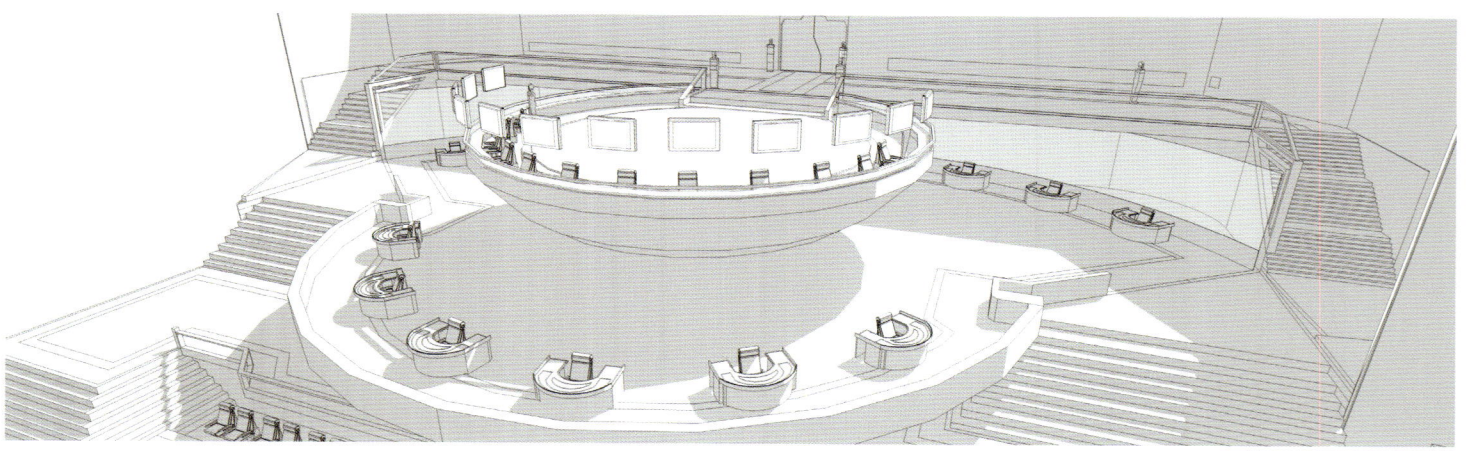

ENTWURF

REINZEICHNUNG

FLÄCHIGE FARBEN

FINALE FARBEN

COVERENTWÜRFE

Drei Illustrationen aus dem Jahr 2010.

Rechts die überarbeitete Version, die an das neue Design von Avarus angepasst wurde.

FINALES COVER DER SELFPUBLISHING-AUSGABE

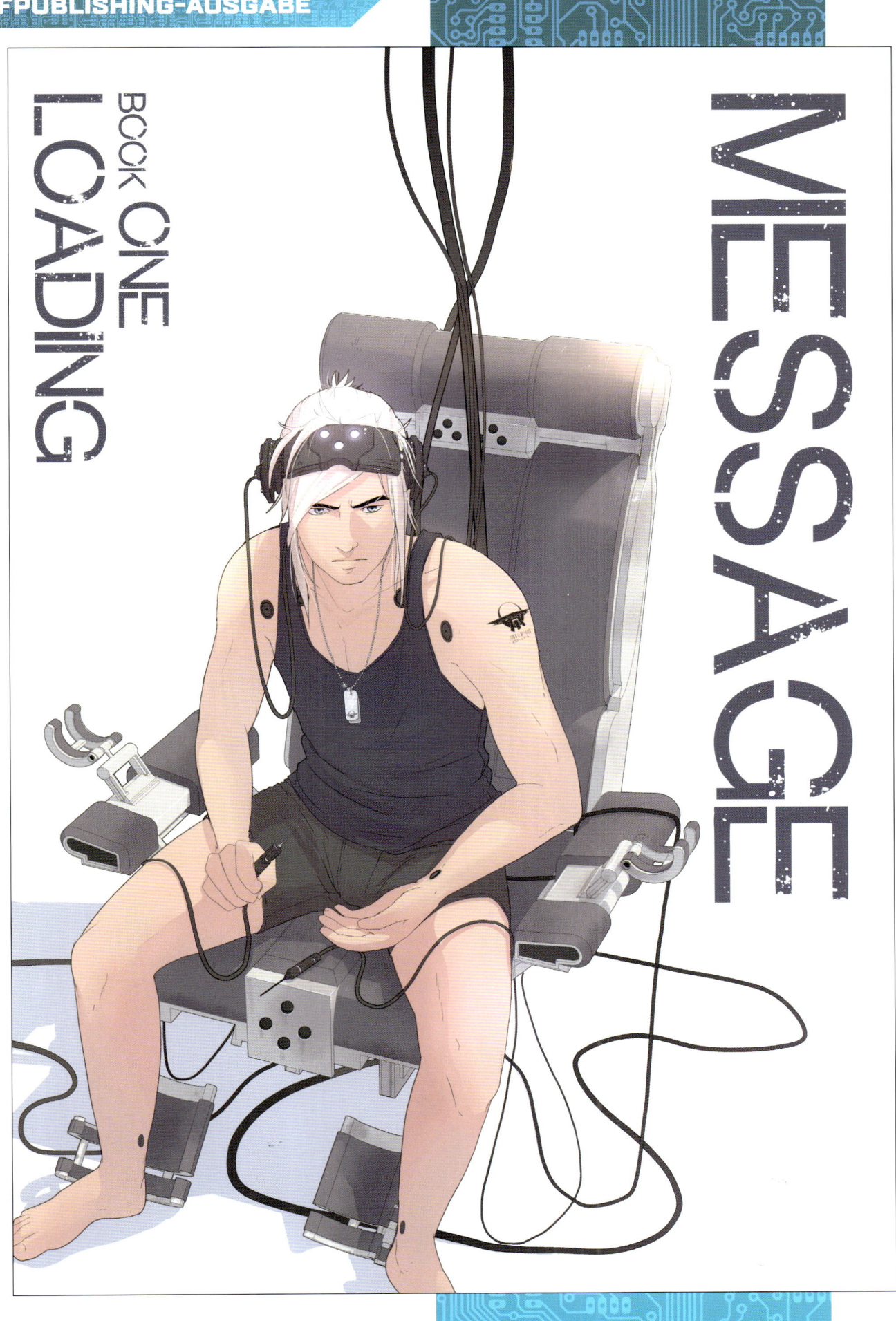

MESSAGE // GALERIE

Artwork:
RENEE RIENTIES

www.artofreneerienties.com
instagram.com/artofreneerienties
facebook.com/ArtOfReneeRienties

MESSAGE // GALERIE

www.instagram.com/5ynthebelle/
www.facebook.com/synthe.sizer.7

Artwork:
ISA alias SYNTHEBELLE

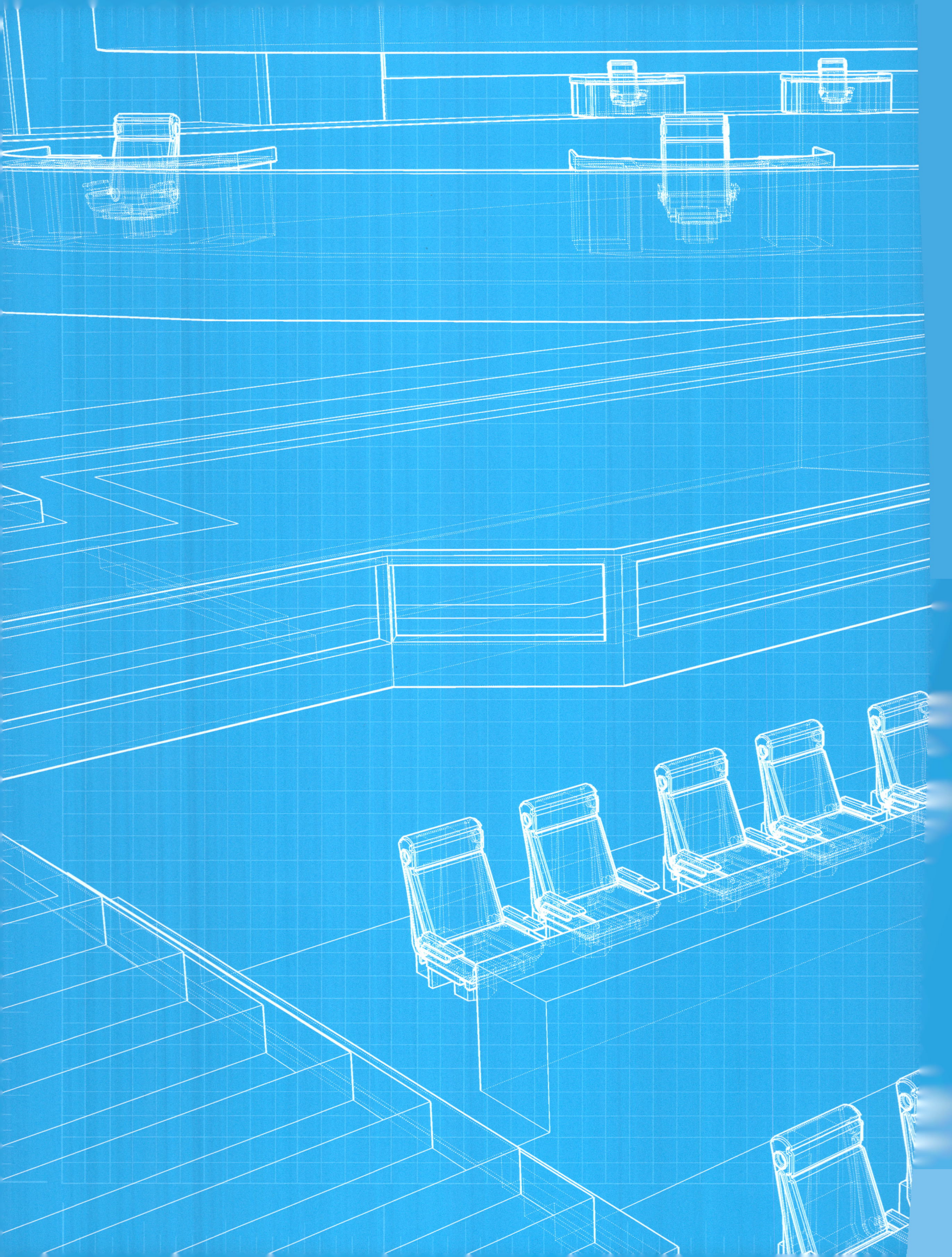